D0871215

DIE 50 BESTEN
NUDEL
REZEPTE

BUCH UND ZEIT

BANDNUDELN MIT TOMATEN-RUCOLA-SAUCE

FÜR 4 PERSONEN

Pro Portion: ca. 610 kcal

2 EL Olivenöl

1 Zwiebel, gehackt

1 kleine Dose Tomaten

(210 g Abtropfgewicht)

500 g Bandnudeln

Salz

Pfeffer aus der Mühle

2 Bund Rucola (Rauke)

1 Kugel Mozzarella (150 g)

1. Das Olivenöl in einem mittelgroßen Topf erhitzen und die Zwiebelwürfel darin glasig dünsten. Die Tomaten samt Saft zufügen, im Topf grob zerschneiden und 10 Minuten köcheln lassen.

2. Die Nudeln in reichlich kochendem Salzwasser in 8–10 Minuten al dente kochen.

3. Rucola abbrausen, kleine Blättchen ganz lassen, größere grob zerschneiden. Mozzarella erst in Scheiben, dann in kleine Würfel schneiden.

4. Die Tomatensauce mit Salz und Pfeffer abschmecken. Rucola und Mozzarellawürfel unterheben.

5. Die Nudeln abgießen, auf 4 Teller verteilen und die Sauce als Klacks in die Mitte setzen.

Rucola ist nicht immer einfach zu bekommen. Man kann ihn durch glatte Petersilie ersetzen.

SPAGHETTI MIT MEERESFRÜCHTEN

1. Die Muscheln gründlich bürsten, waschen und alle geöffneten Muscheln wegwerfen. Die Garnelen aus der Schale lösen und die gesäuberten Tintenfische in feine Ringe schneiden.

2. Zwei Eßlöffel Olivenöl in einem großen Schmortopf erhitzen und die tropfnassen Muscheln hineingeben. Zugedeckt ca. 5–8 Minuten unter Schütteln des Topfes garen lassen, dann das Muschelfleisch aus den Schalen lösen.

3. Die Spaghetti in 2 Liter kochendem Salzwasser in ca. 10 Minuten al dente kochen.

4. In dieser Zeit das restliche Öl in einer großen, hochwandigen Pfanne erhitzen und die gehackte Knoblauchzehe darin anbraten. Die Meeresfrüchte dazugeben und bei mittlerer Hitze 4–5 Minuten köcheln lassen. Mit Zitronensaft beträufeln und mit der Petersilie bestreuen.

5. Die Spaghetti auf einem Durchschlag gut abtropfen lassen und in die Pfanne zu den Meeresfrüchten geben. Gründlich vermischen und mit Pfeffer würzen.

FÜR 4 PERSONEN

Pro Portion: ca. 480 kcal

1 kg gemischte Muscheln (Venusmuscheln, Miesmuscheln)

200 g frische Garnelen

einige kleine Tintenfische

4 EL Olivenöl

200 g Spaghetti

Salz

1 Knoblauchzehe, gehackt

Saft von 1/2 Zitrone

1–2 EL gehackte Petersilie

Pfeffer aus der Mühle

SPAGHETTI MIT PESTO

FÜR 4 PERSONEN

Pro Portion: ca. 770 kcal

2 Kartoffeln

50 g sehr zarte grüne Bohnen

40 g Salz für 4 l Wasser

400 g Spaghetti

PESTO

1 Handvoll Pinienkerne

1 Handvoll Basilikumblätter

4 Knoblauchzehen

10 g grobes Meersalz

30 g Parmesan

30 g Pecorino

8 EL Olivenöl

1. Für den Pesto die Pinienkerne in einer trockenen Pfanne hellgelb rösten. Abkühlen lassen und grob hacken.
2. Basilikumblätter in breite Streifen schneiden. Die Knoblauchzehen abziehen und in feine Würfel hacken.
3. Die Pinienkerne und die Knoblauchwürfel in einem Mörser fein zerstoßen. Dann die Basilikumblätter und das Salz hinzufügen und weiter stampfen.
4. Den Käse in Stückchen zerbröckeln, in den Mörser geben und mit dem Stößel ganz zerstoßen. Nach und nach das Olivenöl hinzufügen. Den Pesto durchziehen lassen.
5. Die Kartoffeln schälen und in kleine Würfel schneiden, die Bohnen waschen und in Stückchen brechen. 4 l Wasser mit dem Salz zum Kochen bringen und Kartoffeln und Bohnen 5 Minuten darin kochen lassen. Dann die Spaghetti hinzufügen und in 8–11 Minuten al dente kochen. Auf ein Sieb schütten und abtropfen lassen, dabei etwas Kochwasser auffangen und beiseite stellen.
6. Den Pesto mit einigen Löffeln Kochwasser geschmeidig machen. Die Nudeln mit dem Gemüse in eine vorgewärmte Schüssel geben und gründlich mit dem Pesto vermischen.

NUDELN MIT SPARGEL UND LACHS

1. In 1 Liter kochendes Salzwasser 10 g Butter und den Würfelzucker geben. Den Spargel zusammenbinden und mit den Spitzen nach oben in 15–20 Minuten kochen.

2. Die Spargelspitzen (ca. 8 cm) abschneiden und im Spargelwasser warm halten. 4 Spargelstangen kleinschneiden und mit 2 Eßlöffeln Spargelsud im Mixer pürieren. Die Mischung mit der Sahne in eine weite Pfanne geben und einkochen, bis eine leicht sämige Sauce entsteht. Mit Salz und Pfeffer abschmecken.

3. Die Nudeln in reichlich kochendem Wasser al dente kochen.

4. Das Lachsfleisch in kleine Stücke schneiden. Einen Siebaufsatz mit der restlichen Butter bestreichen. Die Fischstückchen darauflegen, einen passenden Topf 3 cm hoch mit Wasser füllen und den Einsatz daraufstellen. Den Lachs in 1–2 Minuten über dem Dampf garen.

5. Nudeln mit Lachs und der Sauce mischen. Mit den Spargelspitzen garnieren. Kerbel waschen, mit der Schere kleinschneiden und über das Gericht streuen.

FÜR 4 PERSONEN

Pro Portion: ca. 560 kcal

15 g Butter

1 Stück Würfelzucker

500 g grüner Spargel

200 g Sahne

Salz

Pfeffer aus der Mühle

250 g hausgemachte Nudeln

250 g frischer Lachs, entgrätet

1 kleiner Bund Kerbel

RIGATONI MIT PETERSILIEN-NUSS-SAUCE

FÜR 4 PERSONEN

Pro Portion: ca. 860 kcal

2 EL Butter

1 Zwiebel, gehackt

100 g Walnüsse, gehackt

500 g Rigatoni (oder andere

Röhrennudeln)

Salz

200 g Doppelrahm-Frischkäse

0,2 l Sahne

Pfeffer aus der Mühle

1 TL Thymian,

frisch oder getrocknet

1–2 TL Zitronensaft

2 Bund Petersilie,

fein gehackt

1. Die Butter in einem mittelgroßen Topf erhitzen und die Zwiebelwürfel darin glasig dünsten. Die gehackten Walnüsse zufügen.

2. Die Rigatoni in kochendem Salzwasser nach Packungsaufschrift in 10–12 Minuten al dente kochen. Die Nudeln abgießen, gut abtropfen lassen und in eine große Schüssel füllen.

3. In der Zwischenzeit den Doppelrahm-Frischkäse und die Sahne unter die Zwiebel-Nuß-Mischung rühren, aufkochen und bei schwacher Hitze köcheln, bis die Nudeln fertig sind. Mit Salz, Pfeffer, Thymian und Zitronensaft abschmecken.

4. Die Petersilie in die Sauce rühren, nochmals abschmecken. Sauce getrennt reichen oder über die Nudeln gießen, gut mischen und gleich servieren.

Dazu paßt Tomatensalat mit Zwiebeln.

PENNE MIT FRÜHLINGSZWIEBELN

1. Die Penne in 2 Liter kochendem Salzwasser in knapp 15 Minuten al dente kochen.

2. In dieser Zeit die Frühlingszwiebeln putzen, waschen und mit einem Teil des Grüns in schräge, feine Scheiben schneiden.

3. Das Öl in einem Wok oder einer hochwandigen Pfanne erhitzen und Zwiebeln und Knoblauch darin anbraten. Unter ständigem Rühren so lange braten, bis die Zwiebeln gar, aber noch knackig sind. Mit Sojasauce und Reiswein oder Sherry aufgießen und mit den Gewürzen abschmecken.

4. Die Penne auf einem Durchschlag gut abtropfen lassen und mit dem Joghurt unter das Gemüse mischen. Unter Rühren noch einmal erhitzen und mit Schnittlauch bestreut servieren.

Penne sind kurze, dünne, röhrenförmige Nudeln, die an den Enden schräg wie Federkiele geschnitten sind. Sie passen nicht nur zu den verschiedensten Gemüse-, Fleisch- und Käsesaucen, sondern auch in asiatische Gerichte, wie dieses Rezept beweist.

FÜR 2 PERSONEN

Pro Portion: ca. 520 kcal

200 Penne
Salz
1 Bund Frühlingszwiebeln
2 EL Öl
1 Knoblauchzehe, gehackt
2 EL Sojasauce
2 EL Reiswein oder
trockener Sherry (Fino)
1 Msp. China-
Gewürzmischung
1 Msp. Zitronengras oder
abgeriebene Zitronenschale
1 Msp. gemahlener Ingwer
2 EL Joghurt (3,5 %)
1 EL feingeschnittener
Schnittlauch

VOLLKORNNUDELN MIT WILDKRÄUTERN

FÜR 4 PERSONEN

Pro Portion: ca. 255 kcal

200 g Vollkornspaghetti
Salz
100 g gemischte Wildkräuter
(z. B. junger Löwenzahn,
Vogelmiere, Sauerampfer,
Rucola, Gänseblümchen)
20 g Butter
1 Schalotte, gehackt
1 Knoblauchzehe, gehackt
Salz
Pfeffer aus der Mühle
2 EL geriebener Parmesan
30 g geröstete
Sonnenblumenkerne

1. Die Vollkornnudeln in 2 Liter kochendem Salzwasser nach Anweisung auf der Packung al dente kochen.

2. In dieser Zeit die Wildkräuter waschen, verlesen, gegebenenfalls harte Stiele und Blätter entfernen. Kräuter grob hacken. Wichtig ist die Verwendung frischer Kräuter, denn sie sind ausschlaggebend für den Wohlgeschmack dieses Gerichts.

3. Die Butter in einer großen, beschichteten Pfanne erhitzen und die Schalotten. und Knoblauchwürfel darin glasig braten. Die Wildkräuter hinzufügen, salzen und pfeffern und kurz durchschwenken.

4. Die Nudeln auf einen Durchschlag schütten, gut abtropfen lassen und dann sofort in die Pfanne zu den Kräutern geben. Mit Parmesan bestreuen und alles mit Hilfe von zwei Kochlöffeln locker miteinander vermischen. Die Vollkornnudeln auf vorgewärmte Teller verteilen und mit den gerösteten Sonnenblumenkernen bestreut servieren.

FUSILLI MIT THUNFISCH UND KAPERN

1. Die Fusilli in 2 Liter kochendem Salzwasser in ca. 15 Minuten al dente kochen.

2. In der Zwischenzeit das Öl in einer beschichteten, hochwandigen Pfanne erhitzen und die Schalotten- und Knoblauchwürfel darin glasig braten.

3. Die Sardellen und zwei Drittel des Thunfisches im Mixer fein pürieren und in die Pfanne geben. Unter Rühren kurz erhitzen, dann die Kapern und den restlichen, zerpflückten Thunfisch dazugeben.

4. Nudeln auf einem Durchschlag abtropfen lassen, dabei etwas Kochwasser aufbewahren. Die Nudeln am besten mit zwei Holzgabeln unter die Thunfischsauce mischen. Eventuell etwas Kochwasser hinzufügen. Mit Petersilie bestreut servieren.

Die Güte der Kapern hängt von der Größe ab – je kleiner, um so besser.

FÜR 2 PERSONEN

Pro Portion: ca. 550 kcal

200 g Fusilli (Spiralennudeln)

Salz

1 EL Öl

1 Schalotte, gehackt

1 Knoblauchzehe, gehackt

2 Sardellen, gewässert

1 Dose Thunfisch naturell

(180 g Fischeinwaage)

50 g Kapern

Pfeffer aus der Mühle

1–2 EL Kochwasser

der Nudeln

1 EL gehackte Petersilie

NUDELN MIT GEMÜSE UND MEERESFRÜCHTEN

FÜR 4 PERSONEN

Pro Portion: ca. 560 kcal

250 g Zuckerschoten

250 g hausgemachte Nudeln

2 EL feingehackte Schalotten

2 EL feingehackter Porree

0,1 l Weißwein

250 g Meeresfrüchte

(z. B. Jakobsmuscheln,

Langustinos, Scampi,

Garnelen oder Vongole)

5 cl Weißweinessig

80 g Butter

2–3 EL Sahne

Salz

½ TL grobgemahlener Pfeffer

1. Die Zuckerschoten putzen und in 1 Liter kochendem Salzwasser in 5–8 Minuten bißfest garen. Abgießen und kalt abspülen. Die Nudeln in reichlich kochendem Wasser al dente kochen.

2. Die Schalotten mit Porree und Weißwein 10 Minuten kochen. Meeresfrüchte von Schalen oder Krusten befreien und, je nach Größe, 3–5 Minuten im Weinsud ziehen lassen und darin warm halten.

3. Die Nudeln mit den kleingeschnittenen Meeresfrüchten (einige davon ganz als Garnitur zurückbehalten) mischen.

4. Den Sud durch ein Sieb in eine weite Pfanne gießen. Den Essig zufügen und auf die Hälfte einkochen lassen. Die Butter in kleine Stücke schneiden und mit dem Schneebesen unter die schwachkochende Sauce rühren. Die Sahne zufügen und mit Salz und Pfeffer abschmecken.

5. Die Nudeln abgießen und mit den Meeresfrüchten und dem Gemüse mischen. Die Sauce darüber verteilen.

SPAGHETTI MIT TOMATEN-PAPRIKA-SAUCE

1. Für die Spaghetti reichlich Salzwasser zum Kochen bringen. Wenn Sie frische Tomaten verwenden 1 Liter Wasser zum Kochen bringen, die Tomaten kurz darin blanchieren, abgießen, abziehen und in Stücke schneiden, die Paprika in Streifen schneiden.

2. Olivenöl in einer großen Pfanne oder einem flachen Topf erhitzen, Knoblauch darin kurz anbraten. Paprikastreifen zufügen, unter Rühren 5 Minuten anbraten und salzen. Spaghetti in kochendem Salzwasser in 8 – 10 Minuten al dente kochen.

3. In dieser Zeit die Sauce fertig kochen: Tomatenstücke zu den Paprikastreifen geben, mit Oregano und Chili würzen. Die Sauce 8 – 10 Minuten einkochen, ab und zu umrühren und mit Salz würzen. In einer vorgewärmten Schüssel die abgetropften, heißen Spaghetti mit dem zerbröselten Gorgonzola vermischen. Die Paprika-Tomaten-Sauce dazugeben, alles gut vermischen und mit in Ringen geschnittenen Frühlingszwiebeln garnieren.

4. Den Parmesan getrennt zu den Spaghetti reichen.

FÜR 4 PERSONEN

Pro Portion: ca. 690 kcal

400 g Spaghetti

Salz

500 g Tomaten oder geschälte

Tomaten aus der Dose

2 EL Olivenöl

4 Knoblauchzehen,

fein gehackt

3 gelbe Paprikaschoten

1 Prise Oregano

1 Prise Chilipulver

150 g Gorgonzola

1 Frühlingszwiebel

80 g frischgeriebener

Parmesan

BUCATINI MIT ZUCCHINI UND TOMATENSAUCE

FÜR 4 PERSONEN

Pro Portion: ca. 560 kcal

500 g kleine Zucchini
Salz
300 g italienische Eiertomaten
2 Knoblauchzehen
je ¹/₂ Bund Petersilie und
Basilikum
4 EL Olivenöl
Pfeffer aus der Mühle
1 Msp. Rosenpaprika
400 g Bucatini
1 nußgroßes Stück Butter
frischgeriebener Pecorino
oder Parmesan

1. Die Zucchini waschen, Blüten- und Stielansätze entfernen und in nicht zu kleine Würfel schneiden. In ein Sieb geben, etwas salzen und etwa 15 Minuten ziehen lassen.

2. Die Tomaten kreuzförmig einschneiden, kurz in heißes Wasser tauchen, enthäuten, grünen Stielansatz entfernen und in kleine Würfel schneiden.

3. Knoblauchzehen schälen, hacken und mit der Messerbreitseite zerdrücken. Petersilie und das Basilikum waschen, trockentupfen, grobe Stiele entfernen und fein hacken.

4. Vom Öl 2 Eßlöffel in einer Kasserolle erhitzen und den Knoblauch kurz anbraten. Tomaten, Petersilie und Basilikum hinzufügen, mit Salz, Pfeffer und Rosenpaprika abschmecken und alles gut vermischen. Sauce zugedeckt bei schwacher Hitze etwa 20 Minuten köcheln.

5. Die Zucchini mit Küchenkrepp sorgfältig trockentupfen. Das restliche Olivenöl in einer Pfanne erhitzen, die Zucchini darin von allen Seiten braun anbraten und warm halten.

6. Reichlich Salzwasser mit etwas Öl zum Kochen bringen und die Bucatini al dente kochen, abgießen und mit einem nußgroßen Stück Butter in eine vorgewärmte Schüssel geben. Zucchini und Tomatensauce unter die Bucatini mischen, mit dem geriebenen Käse bestreuen und sofort servieren.

1. Die Spaghetti in 1 Liter Salzwasser in ca. 10 Minuten al dente kochen.

2. In der Zwischenzeit die Champignons putzen, nur wenn nötig waschen und in dünne Scheiben schneiden.

3. Das Fett in einer beschichteten Pfanne erhitzen und die Schalottenwürfel darin glasig braten. Die Pilze zu den Schalottenwürfeln in die Pfanne geben und unter Rühren bei mittlerer Hitze anbraten. Mit Wein aufgießen, salzen und pfeffern und zugedckt 2–3 Minuten dünsten. Dann den Deckel abnehmen und bei starker Hitze etwas einkochen lassen.

4. Die Spaghetti auf einen Durchschlag schütten, gut abtropfen lassen und dann zu den Pilzen geben. Mit feingehackter Petersilie bestreuen und alles miteinander mischen. Das Nudelgericht auf zwei vorgewärmte Teller verteilen und mit Meerrettich bestreut servieren. Meerrettich aus dem Glas mischen Sie am besten mit der Petersilie zusammen unter die Spaghetti.

Dazu schmeckt ein frischer Salat aus verschiedenen Blattsalaten wie Radicchio und Endivie sehr gut.

FÜR 2 PERSONEN

Pro Portion: ca. 320 kcal

100 g Spaghetti

Salz

250 g Champignons

20 g Butter oder Margarine

1 große Schalotte, gehackt

1/8 l trockener Weißwein

Pfeffer aus der Mühle

1/2 Bund Petersilie

1 TL frischgeraspelter Meer-rettich (oder aus dem Glas)

ORECCHIETTE MIT BLUMENKOHL

FÜR 4–6 PERSONEN

Pro Portion: ca. 560 kcal

ca. 1 kg Blumenkohl
oder 500 g Broccoli
Salz
4 Knoblauchzehen
500 g Orecchiette
(Öhrchennudeln)
⅛ l Olivenöl
1 kleine rote Pfefferschote
1 Döschen Sardellenfilet,
ca. 25 g
Pfeffer aus der Mühle
½ Bund glatte Petersilie
frischgeriebener Parmesan

1. Den Blumenkohl ½ Stunde in kaltes Salzwasser legen. Dann in kleine Röschen teilen, die Strünke wegschneiden. Oder Broccoli in kleine Röschen zerteilen. Strunk schälen und in Scheiben schneiden.

2. Salzwasser mit 3 geschälten Knoblauchzehen in einem großen Topf aufkochen. Blumenkohl oder Broccoli darin ca. 3 Minuten garen, dann gut abtropfen lassen.

3. Kochwasser mit frischem Wasser aufgießen, aufkochen. Orecchiette darin in 10–12 Minuten al dente garen.

4. Das Öl in einem Topf erhitzen. Die feingeschnittene und entkernte Pfefferschote, gut abgetropfte Sardellenfilets, die restliche Knoblauchzehe zufügen und nur kurz erwärmen. Dann den Topf von der heißen Herdplatte nehmen. Sardellenfilets und Knoblauchzehe mit einer Gabel zerdrücken.

5. Orecchiette und Blumenkohl oder Broccoli mit der Sardellensauce vermischen. Bei mittlerer Hitze erhitzen und abschmecken. Mit gehackter Petersilie und Parmesan bestreut servieren.

LINGUINE MIT BOHNEN UND PESTO

1. Für den Pesto Basilikumblätter, Pinienkerne und geschälten Knoblauch hacken. Mit dem Salz und dem geriebenen Käse in einem großen Mörser zu einer Paste zerstoßen. Das Öl nach und nach zugeben und alles zu einer sämigen Creme aufrühren. Gut durchziehen lassen.

2. Die Bohnen putzen und waschen, die Kartoffel schälen und in kleine Würfel schneiden.

3. Ca. 3 Liter Salzwasser aufkochen, Kartoffel und Bohnen darin in fünf Minuten ziehen lassen.

4. Das Wasser erneut zum Kochen bringen und die Nudeln in den Topf gleiten lassen. In 8–10 Minuten al dente garen.

5. Einen Löffel des Kochwassers unter den frisch zubereiteten Pesto rühren. Das Nudel-Bohnen-Gemisch abtropfen lassen und mit dem Pesto vermischen. Die Linguine mit dem Pesto sofort servieren.

Der Pesto schmeckt auch zu anderen Nudelgerichten, ist aber auch zu kurzgebratenem Fleisch sehr delikat.

FÜR 4 PERSONEN
Pro Portion: ca. 625 kcal

1 Bund Basilikum

40 g Pinienkerne

4 Knoblauchzehen

1/2 TL grobes Meersalz

je 1 EL frischgeriebener

Parmesan und Pecorino

8 EL Olivenöl

100 g Prinzeßbohnen

1 Kartoffel

300 g Linguine

(flache Spaghetti)

VOLLKORNNUDELN MIT BLATTSPINAT

FÜR 2 PERSONEN

Pro Portion: ca. 290 kcal

300 g frischer, junger Spinat

Salz

100 g Vollkornbandnudeln

1 EL Olivenöl

1 Knoblauchzehe, gehackt

Pfeffer aus der Mühle

20 g Sesamkörner

1. Den Spinat gründlich putzen, waschen und auf einem Sieb gut abtropfen lassen. In wenig kochendem Salzwasser kurz blanchieren, dann auf ein Sieb zum Abtropfen geben.
2. 1 Liter Salzwasser in einem Kochtopf zum Kochen bringen und die Vollkornnudeln darin nach Packungsanweisung al dente kochen. Auf einen Durchschlag schütten und gut abtropfen lassen.
3. In der Zwischenzeit das Olivenöl in einer beschichteten, hochwandigen Pfanne erhitzen und die Knoblauchzehe darin glasig braten. Den Spinat dazugeben, pfeffern und kurz anbraten.
4. In einer zweiten Pfanne die Sesamkörner ohne Fett goldbraun rösten.
5. Die Vollkornnudeln zum Spinat geben und beides in der Pfanne locker vermischen. Auf zwei Teller verteilen und mit den gerösteten Sesamkörnern bestreuen.

Wenn es schnell gehen soll, kann man statt frischem Spinat ½ Packung (150 g) tiefgekühlten Blattspinat verwenden.

SPAGHETTINI MIT ÖL UND KNOBLAUCH

1. Die Spaghettini in kochendem Wasser mit reichlich Salz al dente kochen.

2. In der Zwischenzeit die Schalotten und Knoblauchzehen schälen und fein hacken. Die Petersilie waschen, die groben Stiele entfernen und die Blättchen fein hacken.

3. Das Olivenöl in einer Pfanne erhitzen, Zwiebeln und Knoblauch goldgelb anbraten und die Pfefferschote im Ganzen hinzugeben. Kurz vor dem Servieren sollte sie entfernt werden.

4. Die Spaghettini abgießen, gut abtropfen lassen und in eine vorgewärmte Schüssel geben. Das sehr heiße Zwiebel-Knoblauch-Gemisch zusammen mit dem Öl über die Spaghettini gießen, die Petersilie darüberstreuen und alles gut vermischen. Sofort servieren.

FÜR 4 PERSONEN

Pro Portion: ca. 730 kcal

500 g Spaghettini

(dünne Spaghetti)

Salz

2 Schalotten

4 Knoblauchzehen

1 Bund Petersilie

$^1/_8$ l Olivenöl (extra vergine)

1 getrocknete rote

Pfefferschote

PASTA ALLA RUCOLA

FÜR 4 PERSONEN

Pro Portion: ca. 620 kcal

100 g Rucola oder

Sauerampfer

Salz

2 Knoblauchzehen

3 Sardellenfilets

6 EL Olivenöl

400 g Taglierini oder

Spaghetti

Parmesan, frisch gerieben

1. Die Salatblättchen verlesen und waschen. In siedendem Salzwasser rasch blanchieren und in einem Sieb abtropfen lassen. Das Blanchierwasser beiseite stellen.

2. Den Knoblauch schälen und hacken. Die Sardellenfilets abspülen und kleinschneiden. Den blanchierten Salat hakken.

3. Das Öl in einer Pfanne erhitzen. Den Knoblauch darin andünsten und die Sardellen darin auflösen. Den Salat zugeben und bei geringer Hitze dünsten.

4. Die Nudeln nach Packungsaufschrift im Blanchierwasser vom Salat al dente garen.

5. Die Nudeln in ein Sieb abgießen und gut abtropfen lassen. In einer vorgewärmten Schüssel mit der Sauce mischen. Mit dem Parmesan servieren.

TORTELLINI IN PILZSAHNE

1. Tortellini in reichlich leicht gesalzenem Wasser bißfest kochen, abgießen, abtropfen lassen und heiß halten.

2. Champignons putzen, kurz unter fließendem Wasser waschen oder mit Küchenpapier sorgfältig abwischen. In feine Scheibchen schneiden. Die Zwiebel schälen und fein hacken.

3. Butter in einem Topf erhitzen, die Zwiebel darin glasig braten. Champignons zugeben und so lange unter Rühren braten, bis alle austretende Flüssigkeit verkocht ist. Das Weizenmehl darüberstreuen und unter Rühren etwas anschwitzen lassen. Milch und Sahne angießen und die Sauce einige Minuten kochen lassen. Mit Pfeffer und Salz würzen.

4. Salbeiblätter und Petersilie waschen und hacken.

5. Die Tortellini auf einer vorgewärmten Platte anrichten. Die Pilzcreme darauf verteilen und mit den gehackten Kräutern bestreuen.

FÜR 4 PERSONEN

Pro Portion: ca. 430 kcal

400 g Tortellini
Salz
400 g braune Champignons
1 große Zwiebel
30 g Butter
1 EL Weizenmehl
1/8 l Milch
125 g Sahne
Pfeffer aus der Mühle
2 Salbeiblätter
1/8 Bund Petersilie

NUDEL-QUARK-AUFLAUF

FÜR 4 PERSONEN

Pro Portion: ca. 690 kcal

200 g durchwachsener
Speck

1 große Zwiebel

250 g Möhren

1 Bund glatte Petersilie

250 g Schleifchennudeln

Salz

250 g Magerquark

Pfeffer aus der Mühle

1 TL Oregano

Fett für die Auflaufform

200 g saure Sahne

1. Den Speck von der Schwarte befreien und in einer trockenen, möglichst beschichteten Pfanne knusprig ausbraten. Herausnehmen und beiseite stellen.

2. Die Zwiebel schälen, fein hacken und im verbliebenen Bratfett weich dünsten.

3. Die Möhren schälen und grob raspeln, zu den Zwiebeln geben und fünf Minuten mitdünsten.

4. Die Petersilie abbrausen, von den Stengeln zupfen, grob hacken und untermischen.

5. Die Schleifchennudeln in Salzwasser 8–10 Minuten garen, so daß sie noch Biß haben. Abtropfen lassen.

6. Die Nudeln mit Möhren, Quark und zwei Drittel der Speckwürfel mischen. Die Masse mit Salz, Pfeffer und Oregano würzen. Backofen auf 250 °C vorheizen.

7. Eine Auflaufform einfetten, die Mischung einfüllen, die saure Sahne gleichmäßig darauf verteilen und mit den restlichen Speckwürfeln bestreuen. Im Backofen auf der mittleren Schiene 20 Minuten überbacken. Den Auflauf in der Form servieren.

NUDELGRATIN MIT RÄUCHERFISCH

1. Die Nudeln in reichlich Salzwasser al dente kochen. Auf einem Durchschlag abtropfen lassen. Den Backofen auf 200 °C vorheizen.

2. Das Fett in einer Kasserolle schmelzen lassen und unter Rühren das Mehl dazugeben. Einmal aufschäumen lassen und mit Milch und Sahne aufgießen. Gründlich verrühren und gut durchkochen lassen. 50 g Käse hinzufügen und mit Salz, Pfeffer und Kräutern würzen.

3. Den Fisch häuten, entgräten und in kleine Stücke zerpflücken. Die Äpfel schälen, vierteln und ohne Kerngehäuse in Scheibchen schneiden. Beides mit den Nudeln vermischen, die Sauce unterziehen und mit Salz, Pfeffer und Zitronensaft würzen.

4. Die Mischung in eine gefettete Auflaufform füllen, mit Butterflöckchen belegen und im Backofen auf der mittleren Schiene in etwa 20–30 Minuten goldbraun backen.

FÜR 4 PERSONEN
Pro Portion: ca. 715 kcal

200 g Hörnchennudeln
Salz
50 g Butter oder Margarine
30 g Mehl
¼ l Milch
125 g Sahne
80 g geriebener Emmentaler
schwarzer Pfeffer
1 EL gehackter Dill
1 EL gehackte Petersilie
400 g Räucherfisch
2 Äpfel (z. B. Boskop)
Saft von 1 Zitrone
30 g Butter für die Form
und Flöckchen

REZEPTREGISTER

Genehmigte Sonderausgabe
1994 für Buch und Zeit
Verlagsges. mbH, Köln
ISBN 3-8166-0249-5